Deconstructing
Historical
Imperialism

역사 제국주의의 해체를 위하여

Deconstructing
Historical
Imperialism

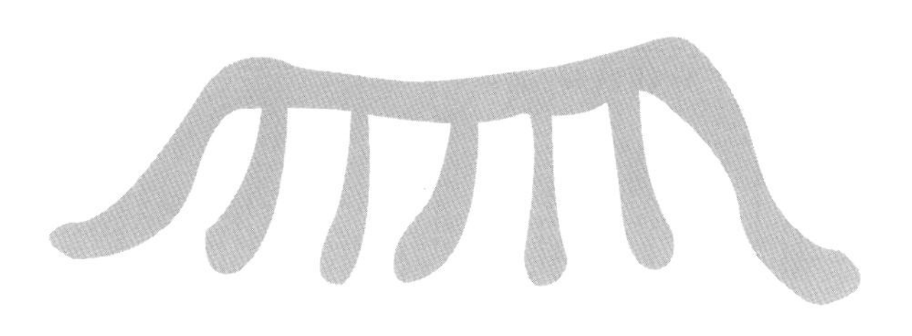

역사 제국주의 해체를 위하여

조홍길 지음

• 들어가는 말 •

한국은 1945년에 일본으로부터 해방되었건만 한국사는 여전히 논란의 늪에 빠져 있다. 최근에는 재야 사학계가 유튜브를 통하여 강단 사학계의 역사해석을 강력히 비판하면서 강단 사학계의 역사해석과 어긋나는 역사해석을 내놓고 있는 실정이다. 강단 사학계란 "대한민국 교육부에서 제정한 법률에 의한 교육과정을 통해 역사 및 관련 분야의 교육을 받은 학자들"[1]로 구성된 사학계를 가리킨다. 그래서 당연히 강단 사학계는 정부의 재정적 지원을 받으며 한국사 교과서를 집필할 수 있는 권한을 독점한, 국가에 의해 공인된 사학자들의 모임이다. 그 반면에 재야 사학계는 전공에 관계없이 개인적으로 또는 동호인 모임을 통하여 한국사를 공부하고 연구하는 사학자들의 모임이다. 재야 사학계라고 하더라도 역사를 전문적으로 공부했고 게다가 강단 사학계보다 더 탁월한 통찰을 보여주기도 하기 때문에 결코 무시할 수 없다. 재야 사

---

1 복기대, 『우리는 고조선을 어떻게 이어왔는가』, 덕주, 주3, p.375,

학계에 속하는 학자들 중에는 강단 사학계의 역사해석을 수용하지 않아 강단 사학계에서 밀려난 사람들도 더러 있는데 이들이 유튜브를 통해서 강단 사학계의 역사해석을 강력하게 비판하고 있는 실정이다. 하기야 재야 사학계로서는 자신들의 주장을 호소할 매체는 유튜브밖에 딱히 없을 것이다. 그들은 정부로부터 아무런 지원도 받지 못하니 자신들의 주장을 펼 책이라도 출판하려면 사비를 털어야 한다. 따라서 유튜브는 그들에게는 디지털 시대의 유용한 대중매체인 셈이다.

강단 사학계에서는 고등학교 국사 교과서에 기술된 내용에 강력한 이의를 제기하였다. 그들이 제기한 이의는 많이 있지만 크게 보아 고조선 문제, 한사군의 위치 비정, 고려와 조선의 국경, 고구려의 평양 위치 비정, 임나일본부의 존속 문제 등에 관한 것들이다. 이런 이의들은 단순한 반론에 그치는 게 아니라 현재적인 의미를 지니므로 큰 논란거리가 되고 있다. 더욱이 강단 사학계에서 적절한 답을 제시하지 못해 오히려 수세에 밀리고 있다. 21세기에 들어서서 이런 논란거리는 중국의 동북공정과 일본의 식민사학에 의해 더욱 확산되고 있다.

그런데 이러한 논란이 과연 역사학에만 관련되어 있는지는 의문스럽다. 역사해석은 사료의 교차검증, 유물과 유적의 조사와 발굴 등에 근거해서 이루어지지만 가장 중요한 것은 사관, 즉 역사철학일 것이다.

주로 역사학자들이 중국의 동북공정과 일본의 식민사학을 비판하고 이러한 논란거리에 답을 주려고 노력하였다. 하지만 역사학자들의 작업은 썩 만족스럽지 못했다. 그들의 작업은 개별 사안에 집중되어 큰 그림을 놓치고 있는 듯이 보인다. 따라서 큰 그림을 그리려면 아무래도 철학적인 접근이 필요하다고 본인은 생각하였다. 철학적인 접근이 이런 논란거리들을 직접적으로 해결할 순 없겠지만 동북공정과 식민사학의 정체를 드러내어 한국사를 올바르게 정립하는 데에 도움을 줄 수 있을 것이다.

그래서 역사 제국주의라는 생소한 개념을 도입하여 중국의 동북공정과 일본의 식민사학을 비판하고자 한다. 역사 제국주의란 용어는 역사학에서도, 철학에서도 본래 쓰이지 않는 용어다. 그러나 이 개념은 중국의 동북공정이나 일본의 식민사학의 정체를 파악하기 위해서는 유용한 개념이 될 수 있다.

역사 제국주의란 자국을 세계의 중심에 놓고 자국의 세력을 팽창시켜 패권을 확보하기 위하여 역사를 조작하고 왜곡함으로써 주변 나라의 역사를 침탈하려는 이념이나 사상이라고 일단 정의해 본다. 오늘날 총과 대포를 동원하여 남의 나라를 침략하여 남의 나라의 주권과 영토를 침략하려는 짓은 더 이상 국제사회에서 용납될 수 없게 되었다. 그러므로 역사 침탈의 가능성만이 제국주의에 남아 있게 되었다. 바로 이것이 역사 제국주의다.

제국주의란 19세기의 서양 제국주의에 한정되는 건 아니다. 그리고 제국주의란 독점 단계의 자본주의를 지칭하는 것만도 아니다. 동서양이나 고대나 근대를 불문하고 제국주의는 존속해 왔다. 단지 독점 단계에 들어선 자본주의야말로 식민지 쟁탈이라는 가장 악독한 형태를 띠었기에 우리는 제국주의라면 19세기의 제국주의만을 떠올리게 되는 것이다.

그럼 제국주의는 어떻게 정의될 수 있을까? 흔히 우리는 제국주의와 식민주의를 혼동하기 쉽다. 그러나 제국주의란 식민주의와 유사하지만 식민주의보다 더 넓은 개념이다. "그렇다면 식민주의와 제국주의의 관계는 어떻게 정리할 수 있을까? 제국주의의 핵심은 다른 집단에 의한 민족이나 인종의 통제이다. 그 통제는 우선적으로 정치적이거나 경제적인 통제이며, 국가 간의 종속적 관계의 성립과 유지를 의미한다는 점에서는 식민주의와 크게 다를 바 없다. 그러나 공식적인 영토적 지배를 포함할 필요가 없다는 점에서 식민주의와 다르다. … 우리는 경제적 · 정치적 · 군사적인 힘을 전략적으로 이용해서 상대방의 주권을 침해하는 행위, 또는 그것을 의도하는 이념을 제국주의라고 정의할 수 있을 것이다."[2]

---

2 박지향, 『제국주의』, 서울대학교출판부, 2003, p,19 이하.

그러나 식민지 쟁탈을 일삼던 19세기의 제국주의도 제국주의 침략전쟁 이전에 이미 역사 제국주의였다. 그 점은 헤겔의 역사철학 등에서 분명히 드러난다. 이 철학에서는 서양 중심주의가 암암리에 또는 노골적으로 함축되어 있었다. 이 철학에서는 서양이 세계의 계몽된 중심이고 동양은 서양의 타자로서 마법적이고 신비한 미신에 빠진 미개하고 야만적 세계였다. 서양문화는 동양이 따라야 할 모범이며 보편적 잣대(global standard)였다. 그리하여 서양 제국주의는 동양을 문명화할 사명을 갖고 동양을 계몽해야 한다고 여겼다.

이러한 서양 중심주의를 중국과 일본이 교묘하게 모방하였다. 21세기 동아시아에서 중국과 일본은 서양의 자리에 중국과 일본을 놓고 우리나라의 역사를 침탈하고 있는 셈이다. 이것이 바로 중국의 동북공정이며 일본의 식민사학이다.

이 글은 서양 중심주의를 함축하고 있는 헤겔의 역사철학과 마르크스의 유물사관을 우선 살펴볼 것이다. 그러고 나서 중국의 동북공정과 일본의 식민사학을 역사 제국주의에 비추어 비판할 것이다.

• 목차 •

01

헤겔의 역사철학과 마르크스의 유물사관

동양에서든지 서양에서든지 간에 계몽 이전의 역사철학은 역사는 진보하는 것이 아니라 몰락하는 것으로 간주되었다. 기독교에서는 인간이 원죄를 저지르고 난 뒤에 낙원에서 쫓겨나 신의 뜻을 거스르고 제멋대로 살다가 결국 심판의 종말을 맞이한다. 불교에서도 깨달음의 힘이 날이 갈수록 점차 약화되어 세상은 결국 말법시대를 맞이한다고 보았다. 유학자 소강절은 요순의 태평시대는 도덕과 인문의 쇠락에 따라 춘추전국시대의 난세로 이어진다고 파악했다. 그리스의 역사가 헤시오도스도 역사는 황금시대 이후 은 · 동의 시대를 거쳐 몰락의 길을 걷는다고 보았다.

계몽주의 사상가 튀르고는 역사는 진보하는 것이라고 처음으로 선언하였다. 따라서 역사 진보의 사상은 계몽의 산물이었다. 역사가 진보한다는 사상은 헤겔의 역사철학에서 두드러지게 드러난다. "특히 헤겔은 탈선하지 않는 무제한적 진보라는 계몽의 특징적인 개념을 깊이 변형시켰는데 역사에서 본질적인 일관성, 즉 진화가 있음을, 마르크스와 엥겔스에게, 보여주는 최초의 사상가였다. 헤겔을 당대의 다른 모든 철학자들로부터 구분시킨 것은 그의 사유의 기반을 형성했던 강한 역사적 감각이었다."[1] 비록 마르크스는 헤겔의 변증법을 전복시키긴 했지만 역사 진보의 이념은 충실하게 계승하였다. 그는 헤겔의 충실한 제자였던 셈이다. "헤겔에 대한 그의 관계를 규정함이 없이는 칼 마르크스의 저작을 이해하는 것은 불가능하다."[2]

1) 헤겔의 역사철학

역사는 법의 영역과 더불어 그의 학문체계에서는 객관적 정신의 영역에 속한다. 그렇기 때문에 그의 역사철학도 정신적 발전에 근거해서 서술되고 있다. 그에 따르면 역사는 자유 의식에서의 진보이며 역사에서 정신의 발전은 주관적 자유의 원리에 근거한다.

헤겔은 동양이 역사와 지혜의 시초라고 인식했지만 역사적으로는 정신의 자기의식에 도달하지 못했다고 보았다. 그에 따르면 동양이 역사의 출발점이지만 동양에서는 한 사람만이 자유롭다는 것을 인식했을 뿐이고 희랍 · 로마 세계에 이르러서야 약간의 사람들만이 자유롭다는 것을 인식했고 게르만적 세계에서야 비로소 만인이 자유롭다는 것을 인식했다. 그럼으로써 서양에서 자유

1 U. Meloti, ***Marx and the third world***, trans. P. Ransford, Macmillan Press, 1977, p.2.

2 D. Henrich, Hegel im Kontext, Suhrkmp, 1981, p.187.

의식이 처음으로 자각되었다고 그는 지적했다. 그리하여 인간 그 자체가 자유롭다는 의식은 서양에서 인식되어 정신의 자기의식에 마침내 도달하게 되었다고 그는 보았다.

헤겔은 『법철학』 서문에서 "미네르바의 올빼미는 황혼이 지고 나서야 비로소 날아오른다."[3]고 지적하기도 했다. 이 말은 동양은 정신적 자각, 즉 지혜가 싹튼 곳이긴 하지만 서양(Abendland)에서 지혜가 제대로 완성된다는 뜻이다. 왜냐하면 주관적 자유라는 정신적 각성은 서양에서야 비로소 일어날 수 있기 때문이다. 중국의 도덕론이나 인도의 해탈은 고상하긴 하지만 추상적인 주관에 머물거나 인륜적인 자유에 도달하지 못했다고 헤겔은 해석했다.

> 세계사는 동에서 서로 움직여 가는데, 왜냐하면 유럽은 단적으로 세계사의 끝이며 아시아는 그 시원이기 때문이다. 그 자체로만 보면 동쪽은 전적으로 상대적인 것이지만, 이 동쪽이 세계사에 대해서는 고유한 의미의 동쪽이다. … 이 동쪽에서 외면적인 자연의 태양이 솟아오르고 다시 이것은 서쪽으로 기울어지지만, 그러나 그 대신 서쪽에서는 자기의식이라는 내면의 태양이 솟아오르면서 휘황한 빛을 발산한다. 결국 세계사란 자연적 의지의 분방함을 보편적인 것, 주관적인 자유에로 이르게 하는 도야의 과정이다.[4]

3 Hegel, ***Rechtsphilosophie***, Suhrkamp, 1970, p.28.

4 헤겔, 『역사 속의 이성』, 임석진 역, 지식산업사, 1992, p.320.

주관적 자유를 향한 세계사적 노동, 고투의 여정을 헤겔은 4단계(1. 동양세계 2. 그리스 세계 3. 로마세계 4. 게르만 세계)로 나누었다.[5] 이 여정은 달리 말하자면 정신이 역사 속에서 자유를 실현해나가는 여정이기도 하다.

> 동양인은 정신이나 인간 그 자체가 즉자적으로 자유롭다는 것을 알지 못한다. 바로 이 사실을 모르는 까닭에 그들은 자유로운 존재가 아니다. 그들은 다만 한 사람이 자유롭다는 것을 알고 있을 뿐이므로 … 이러한 한 사람은 절대자일 수 있어도 하나의 자유인이거나 인간일 수 없다. ㅡ그리스인들에게서 비로소 자유의 의식이 대두되었던 까닭에 , 이런 의미에서 그들은 자유인이었다. 그러나 이들도 역시 로마인들과 마찬가지로 소수인만이 자유로울 뿐, 인간 그 자체가 자유롭다는 데 대해서는 알지 못한다. … 게르만족에 이르러서야 비로소 인간은 인간으로서 자유로우며 또한, 정신의 자유야말로 바로 이 정신의 가장 독자적 본성을 이룬다는 사실이 기독교를 통하여 의식되기에 이르렀다.[6]

여기에서 자유의식에서의 진보, 즉 자유를 향한 여정은 아무렇게나 이루어지는 게 아니라 이성적 필연성에 따라 이루어진다.

---

5 헤겔,『법철학』, 임석진역, 지식산업사, 1990, 354절

6 헤겔,『역사 속의 이성』, 임석진 역, 지식산업사, 1992,p.95.

헤겔은 정신의 자유라는 잣대에 의거해서 역사를 이해하고 있지만 계몽주의에서 발원한 역사적 진보와 정신의 자유가 과연 보편적인 잣대일 수 있는지는 의문스럽다. 그는 자기 자신도 모르게 서양을 세계의 중심에 놓고 동양을 서양의 타자로 내치는 짓을 하고 있지 않는가. 다시 말해, 그가 아무런 반성도 없이 태연하게 서양 중심주의를 주장하고 있지 않는지 그에게 묻고 싶다. 그가 동양의 전제정치를 비판하면서도 식민지 거주민의 자유를 박탈하고 억압하는 식민정책을 어떻게 정당화할지 의문스럽다.

역사가 진보한다는 사상은 계몽사상으로부터 나왔다. 헤겔은 역사 진보의 이념을 이성적으로 정당화하려고 노력했을 뿐이다. 이성과 진보가 계몽의 주요한 사상이지만 과연 계몽이 인류를 무지몽매한 야만적 상태로부터 해방시켰는지도 여전히 의문스럽다. 이미 호르크하이머와 아도르노가 『계몽의 변증법』을 통하여 계몽의 한계를 통렬하게 지적하였다. 그런 맥락에서 계몽의 전통을 고수하는 헤겔의 역사철학은 서양 중심주의의 한계로부터 자유롭지 못하다고 할 수 있을 것이다. 특히 오늘날의 생태적 위기를 고려해 볼 때 더욱 그렇다고 생각한다. 오늘날 인류에게 계몽은 미신적인 마법과 신비의 세계로부터 벗어나게 해주었지만 그 대가는 엄청났다. 생태계가 망가져서 인류의 생존이 위협받는 지경에 이르렀기 때문이다. 따라서 헤겔의 역사철학에 함축된 계몽과 서양 중심주의는 여전히 재고되어야 할 것이다.

헤겔의 역사철학에서는 역사의 주체가 인간이라기보다는 이성, 정신이다. 인간의 열정이나 욕망이 역사를 움직이는 것 같이 보이지만 헤겔에 따르면 이성의 목적인 자유 실현의 방향으로 역사가 움직인다. 그리하여 인간은 역사적 이성의 무의식적 도구이며 역사적 이성의 흐름을 타고 자신의 욕망이나 열정을 충족시킬 뿐이다. 가령, 나폴레옹의 정복 사업은 나폴레옹 개인의 야심에 기인하지만, 유럽에서 자유의 이념을 실현하려는 이성의 목적에 따라 일어난 것에 불과하다. 그러나 프랑스 혁명이 공포정치로 전락했듯이 인간의 의도대로 역사는 움직이지 않는다. 그래서 헤겔은 여기서 '이성의 간계(List der Vernunft)'란 개념을 도입한다. 역사적 이성은 폭력과 같은 주관적 양상을 도구로 삼아 자신의 객관적인 목적을 관철해 나간다.

이와 같은 '이성의 간계' 같은 개념은 헤겔이 역사의 우여곡절을 설명하기 위하여 도입한 개념이긴 하지만 제국주의와 식민주의를 정당화하는 데 쓰일 수도 있다. 바로 헤겔의 제자 마르크스는 이런 일을 하였다. 그는 19세기에 일어난 서양 제국주의 침략의 진보적 본성을 이 개념에 의거해서 정당화하였다. 이러한 정당화가 사악한 것은 아니지만 마르크스 역사철학의 서양 중심주의적 한계를 드러내는 중요한 표지라고 생각된다.

그럼 마르크스의 유물사관을 다음에서 살펴보자.

2) 마르크스의 유물사관

마르크스는 헤겔의 변증법과 역사철학에 큰 영향을 받아 유물사관을 만들어내었다. 헤겔은 정신적 발전이 역사적 진보의 원동력이라고 보았지만 마르크스는 그 반대로 물질적 생산양식의 발전이 역사적 진보의 원동력이라고 간주하였다. "물적 생활의 생산양식이 사회적, 정치적, 정신적 생활 과정 일체를 조건 지운다. 인간의 의식이 그들의 존재를 규정하는 것이 아니라, 반대로 그들의 사회적 존재가 그들의 의식을 규정하는 것이다."[7] 요컨대, 그가 머리로 거꾸로 선 헤겔의 변증법을 발로 바로 세운 것처럼, 역사도 정신적 발전이 아니라 물질적 생산양식의 발전에 따라 움직인다고 보았다.

그는 인류의 역사를 계급투쟁의 역사로 간주했다. 인류의 역사는 원시공동체 사회로부터 고대 노예사회→중세 봉건사회→근대 자본주의사회를 거쳐 주인과 노예, 영주와 농노, 부르주아와 프롤레타리아 등의 적대적 계급의 투쟁과 모순이 해소되어 사회주의와 공산주의로 이행함으로써 계급 없는 사회로 나아간다고 그는 보았다. 그는 이미 『공산당 선언』에서 이것을 정식화하였다. 그러고 나서 그는 『정치 경제학 비판을 위하여』에서 경제적 사회구성체의 발전을 다음과 같이 요약하였다.

---

7 칼 마르크스, 『정치 경제학 비판을 위하여』, 김호균 역, 중원 문화, 1987, p.7.

> 인간은 그들 생활의 사회적 생산에서 그들의 물적 생산제력의 일정한 발전수준에 조응하는 일정한, 필연적인, 그들의 의사와는 무관한 제관계, 생산관계를 맺는다. 이 생산제관계 전체가 사회의 경제적 구조, 현실적 토대를 이루며, 이 위에 법적이고 정치적인 상부구조가 세워지고 일정한 사회적 의식형태들이 그 토대에 조응한다. … 물적 생산제력은 어떤 발전단계에 이르면 그들이 지금까지 그 안에서 움직였던 기존의 생산제관계, 또는 이것의 단지 법률적 표현일 뿐인 소유제관계와 모순에 빠진다. 이들 관계는 생산제력의 발전 형태들로부터 질곡으로 전환된다. 그러면 사회적 혁명기가 조래한다. 경제적 기초의 변화와 더불어 전체의 거대한 상부구조가 조만간 변혁된다.[8]

이와 같이 인류의 역사는 헤겔의 역사철학처럼 정신적 발전에 따라 이루어지는 게 아니라 정신적 발전의 토대인 물질적인 생산양식의 발전에 따라 발전된다고 마르크스는 통찰했다. 헤겔과 마르크스가 역사를 보는 관점이 정반대였음에도 불구하고 마르크스는 계몽주의의 유산인 역사의 진보와 서양 중심주의를 충실히 계승했다.

원시공동체 사회→고대 노예사회→중세 봉건사회→근대 자본주의사회로 이어지는 역사 발전의 단선적 도식은 인도, 중국과 같은 동양사회의 경제적 사회구성체를 어떻게 이해할 것인가 하는

8 앞의 책, p.7.

문제에 그는 봉착하게 되었다. 인도와 중국은 고대 노예사회의 생산양식이나 중세 봉건사회의 생산양식에 들어맞지 않았기 때문이다. 그는 이 문제를 해결하기 위해서 아시아적 생산양식이라는 역사의 새로운 단계를 설정하기에 이르렀고 이후 그것은 마르크스주의자들에게 상당한 논란거리가 되었다. 마르크스도 아시아적 생산양식의 개념을 명확하게 규정하지는 않았지만 아시아적 생산양식의 기본적 특징을 1. 토지의 사적 소유권의 부재 2. 토지의 국유 3. 자급자족의 폐쇄적 촌락공동체 4. 군주의 전제정치 5. 수리, 관개시설의 국가관리 등을 들었다.[9]

그러나 아시아적 생산양식은 아시아 사회의 특수성을 드러내는 개념이라기보다는 아시아 사회의 후진성, 정체성과 타율성을 표현하는 개념으로 인식되었다. 이런 점에서 마르크스의 유물사관은 서양문명이 모범이며 서양이 세계의 중심이라는 서양 중심주의로부터 벗어난 사관이라고 볼 수 없을 것이다. 마르크스는 한편으로는 자본주의의 모순과 병폐를 비판하고 저주해 왔지만 다른 편으로는 자본주의의 역사적 기능은 긍정적으로 보았다. 그리하여 역설적으로 그의 유물사관은 미개한 동양을 문명화해야 한다는 사명에 젖어 식민지를 개척했던 서양 제국주의와 유사한 역사인식, 즉 식민지 근대화론으로 이용될 수도 있는 여지를 남겼다.

---

9 U. Meloti, *Marx and the third world*, trans. P. Ransford, Macmillan Press, 1977, p.54.

그는 뉴욕 데일리 트리뷴지에 기고한 글 「영국의 인도 지배」에서, 인도를 침략하고 정복했던 이전의 세력과는 달리 "영국은 인도사회의 온 뼈대를 재건될 수 없을 정도로 부숴버렸다."[10]는 것을 명확하게 인식했다. 그는 영국의 인도 지배가 인도인을 착취하고 인도의 전통과 공동체적 촌락을 파괴함으로써 인도인에게 엄청난 고통을 줄 것이라고 인식했으면서도 인도사회의 혁명적 변화를 초래할 것이라고 예상했다. 인도는 인도인 스스로의 힘으로는 아시아적 생산양식의 정체성을 벗어날 수 없고 오직 영국의 지배라는 충격을 통해서만 인도사회의 발전을 기할 수 있으리라고 그는 보았다.

그런 사정은 중국도 마찬가지였다. 중국의 긴 잠은 아편전쟁과 같은 영국 제국주의의 침략만이 깨울 수 있다고 그는 내다보았다. "마르크스는 아편전쟁의 배후에 놓여 있는 탐욕을 비판한다. 그러나 그는 자본주의적 침투에 대한 중국 개방의 '진보적' 본성을 결코 지치지 않고 강조했다. 완전한 고립은 낡은 중국을 보존하는 주요한 조건이었다. … 아편이 자본주의 무역에 이르는 대문을 열어 주었다. 그리고 자본주의 무역은 그 통상적 방식으로 그 나머지 일을 할 것이다. … 그리하여 역설적으로, 아편은 중국을 이 나라의 아시아적 긴 잠으로부터 깨우고 있었다."[11]

10 R. C. Tucker(ed.), Marx-Engels Reader, Norton & Company, 1978, p.654-5.

11 U. Melotti, *Marx and the third world*, trans. P. Ransford, Macmillan Press, 1977, p.117

이와 같이 마르크스는 아시아적 생산양식을 통하여 헤겔의 서양 중심주의(Eurocentrism)를 계승하였다. 그는 오랫동안 정체된 아시아 사회는 서양 제국주의 침략으로 지구적 표준인 자본주의 생산양식이 강제됨에 따라 역사의 보편적인 길을 걸을 수 있게 되었다고 주장했기 때문이다. 그러나 이와는 달리 마르크스주의자 멜로띠는 변증법에 의거해 마르크스의 유물사관이 자민족 중심주의(Ethnocentrism)가 아니라고 주장했다.

> 어떤 사람들은 마르크스와 엥겔스가 자민족 중심주의라는 눈가리개를 했으며 유럽의 식민지 확장에 대해 무비판적으로 호의적인 견해를 가졌다고 그들을 비난하기조차 했다. 또 다른 어떤 사람들은, 마르크스 진영에서조차, 그들이, 적어도 초기에는, 민족해방운동의 진보적 본성을 보지 못했다고 주장했다. … 그러나 사실은 그들이 일부러 전략적인 지구적 전망을 취하는 것일 때, 사람들은 좁은 의미의 자민족 중심주의를 거론할 수 없다. 그러므로 그런 견해들을 일거에 끝내기 위하여, 그들의 사유 배후에 숨은 논리를 분류하는 것이 좋을 것이다.
> 헤겔로부터 빌려온 개념적 뼈대야말로 마르크스로 하여금 역사적 사건들의 주관적 양상과 객관적 양상을 구분할 수 있도록 한다. 특히, '이성의 간계(List der Vernunft)'라는 이념은, 제대로 장착되면, 그로 하여금 자본주의와 식민주의로부터 고통을 받는 사람들의 관점에서 그것들을 비난할 수 있도록 했으면서도 동시에 그것들을 객관적인 역사적 운동의 관점에서 중요한 진보

적 힘으로서 고찰할 수 있도록 하였다. 역사적 사건들의 공존하면서도 모순적인 두 요소들을 동시적으로 파악하는 이러한 능력이 바로 마르크스 변증법의 본질이다.[12]

비록 멜로띠가 변증법을 통하여 마르크스의 유물사관이 자민족 중심주의로부터 벗어난다고 정당화할 수 있다고 하더라도 서양 중심주의로부터 벗어난다고 강변할 수는 없을 것이다. 왜냐하면 헤겔로부터 계몽의 유산을 물려받은 마르크스도 서양문화가 모든 문화의 모범이며 다른 어떤 문화보다 우월하다고 간주했기 때문이다. 또한 마르크스의 역사적 도식을 그는 마르크스와 더불어 역사의 보편적인 길로 인식하고 있기 때문이다.

마르크스의 변증법과 유물사관은 헤겔의 역사철학과 마찬가지로 여전히 계몽에 닻을 내리고 있다. 그러나 계몽은 산업혁명과 더불어 오늘날 기후 위기와 생태계 파괴의 재앙을 초래한 배경이다. 그런 맥락에서 계몽이 치명적 한계가 있는 한 그의 변증법과 유물사관도 한계가 없을 수가 없을 것이다.

12 앞의 책, p.117-118.

02

역사 제국주의

서양 제국주의는 19세기 말부터 20세기 중후반에 걸쳐 극성을 부렸다. 제국주의 열강들은 아시아, 아프리카, 아메리카를 무대로 식민지를 차지하기 위해 서로 싸웠고 침략전쟁을 서슴지 않았다. 그래서 이 당시 식민지 원주민들은 나라의 주권을 빼앗김으로써 자원을 약탈당했을 뿐만 아니라 인종적 차별과 노동력 착취라는 큰 고통을 겪었다. 그러나 2차 세계 대전이 끝나자 난폭하게 설치던 제국주의도 수그러들었다. 세계 평화를 위해 UN이 창설되어 제국주의는 더 이상 합법적으로 침략전쟁을 일삼을 수 없게 되었기 때문이다. 이에 제국주의 열강들은 자본을 수출하거나 문화를 타국에 강요함으로써 세력을 확대하고 패권을 다투려고 하였다.

21세기가 되어 그것도 여의찮게 되자 제국주의는 남의 나라 역사를 침탈함으로써 세력을 확장하고 패권을 차지하려는 시도를 하게 된다. 이것이 곧 역사 제국주의다. 그리고 그 대표적인 예가 중국의 동북공정과 일본의 식민사학이다. '역사 제국주의'

라는 용어는 본래 역사학이나 철학에서 통용되는 용어는 아니다. 이 용어는 이웃 나라 중국과 일본을 겨냥해서 본인이 고안한 용어일 뿐이다.

일본은 한때 조선을 식민지로 삼았고 만주를 점령할 정도로 군사력이 강했다. 하지만 태평양전쟁에서 일본은 미국에 패퇴한 뒤에는 미국에 의해 군사력이 해체되어 자국의 군대를 가질 수 없게 되었다. 그렇지만 일본은 식민사학을 통하여 여전히 역사를 왜곡함으로써 제국주의의 찬란한 과거를 되새기고 있다. 일본은 식민지배에 대하여 어쩔 수 없이 한국에 유감의 뜻을 표명하였지만 이런 표명은 일본 제국주의의 만행에 대한 진정한 참회는 아니었다. 그들은 여전히 자국을 중심에 놓고 역사적으로 과거의 일본 제국주의를 정당화하는 작업을 교묘하게 진행했고 진행하고 있기 때문이다.

중국도 동북공정의 작업을 서남공정, 서북공정의 작업과 함께 진행함으로써 통일적 다민족국가를 이루고 신흥대국의 꿈을 실현하려고 했다. 이 과정에서 신장, 티베트 등의 역사와 더불어 한국의 역사는 큰 피해를 보게 되었다.

그럼 일본의 식민사학과 중국의 동북공정에 대해 알아보자.

1) 일본의 식민사학

일본의 식민사학은 1945년 일본의 패망과 함께 이 땅에서 사라진 건 아니었다. 우리 안에 깊숙이 자리 잡고 있어서 역사 제국주의의 생채기로 여전히 남아 있다. 그래서 재야사학자 이덕일은 이런 연유를 다음과 같이 적절하게 지적하였다.

> '식민사관'이란 조선총독부에서 한국을 영구 지배할 목적으로 만든 조선총독부의 사관을 뜻한다. 즉 한국으로 이주한 일본사람들[植民]의 시각으로 한국사를 바라보는 것이 식민사관이다. … 일본 강점기 때 조선 총독부 조선사편수회에 근무했던 이병도·신석호 같은 역사학자들과 일본의 태평양전쟁을 성전聖戰으로 찬양했던 역사학자들에게 일본의 패망은 저주였다. 일본 강점기 때 차지했던 모든 지위를 잃는 것은 물론 프랑스처럼 법적 처벌까지 받을 각오를 해야 했다. 그러나 처벌은커녕 자국으로 쫓겨 간 일본인 스승들 자리까지 꿰차면서 학계를 완전히 장악했다. 1980년대까지 독립운동사 연구 자체가 학계의 금기였다는 사실을 상기시키는 것으로 더 이상의 언급을 삼가겠다 이런 가치 전도적 상황에서 역사학계에는 몇 가지 묘한 풍경이 생겨났다. 총론으로는 식민사관을 비판하지만 각론으로 들어가면 여지없이 식민사관을 읊어대는 이중적 형태가 일반화되었다. 물론 총론으로 자신들은 식민사학자가 아니라고 스스로 위로하고 위장했다. 또한 분절적 사고도 역사학계의 일반적 풍경의 하나였다. 조선 총독부에서 강제한 학제간 장벽에서 비롯된 분절

적 사고는 같은 한국사내에서도 '전공'이란 울타리를 성역화시켜 다른 분야는 절대 언급하지 못하게 했다. 그래서 식민사학자들이 장악한 '고대사관'은 성역이 되었다. 근현대사, 특히 독립운동사를 연구하는 학자들까지도 '나는 전공이 아니다.'라는 말로 조선 총독부에서 만든 역사관 비판을 회피하는 것은 익숙한 풍경이었다.[1]

동아시아에서 중국과 조선을 제치고 일본이 먼저 서양 제국주의와 교역을 시작하게 된 것은 지리적인 이점 때문이었다. 그리고 일본은 중국과 조선과는 달리 유교문화의 폐쇄적 국가가 아니었고 서양의 봉건사회와 유사성이 있었다. 중국과 조선의 조정과는 달리 일본의 지배 세력은 서양의 문물을 일찍 적극적으로 수입하였다. 그들은 서양문물을 받아들여 서양 근대사회를 이루는 것이 19세기에 일본이 살아남을 수 있는 유일한 길이자 꿈이라고 판단하였다. 그래서 그들은 서양 제국주의를 흠모하고 모방하려고 했다.

그런데 일본은 이 시기에 서양 제국주의의 밥이 되지 않은 이유가 무엇이었을까? 일본은 서양 제국주의에게는 상품시장으로서도 매력적이지 못했고 서양 제국주의가 탐낼만한 자원도 풍부하지 못했기 때문이다. 그리하여 서양 제국주의의 마수로부터 운

---

1 이덕일, 『우리 안의 식민사관』, 만권당, 2018, p.20이하.

좋게 벗어난 일본은 서양 제국주의의 길을 모방하여 제국적 팽창의 길을 걷게 되었다.

> 이처럼 일본의 제국적 팽창 초기에는 서양에 대한 강한 흠모와 모방이 중요하게 작용하였다. 일본은 스스로를 '동아시아의 영국'이라 부르며 유럽에서 영국이 행한 의무를 자신들은 아시아에서 담당해야 한다고 주장하였다. 여기서 드러나듯이 일본인은 서양인을 우울한 인종으로 바라보았고 그들의 존재 앞에서 위축되었다. 일본인들은 '열등한 아시아'라는 의식에 괴로워하면서 동시에 '아시아를 깔보는' 우월감을 느끼는 이율배반적인 성향을 보였다. 여기서 탈아입구(脫亞入歐)론이 나왔으며 일본인들은 스스로를 대표할 수 없는 아시아를 대신하여 그들을 대표해야한다는 도착된 자부심으로 문명화의 사명감을 강조했다. 그러나 서양의 거리 두기를 깨닫게 되면서 일본인들은 20세기 들어 … '입아탈구(入亞脫歐)'로 반전을 꾀하게 되고 궁극적으로는 미국과의 전쟁에 뛰어들게 되었다.[2]

일본은 서양문명과 근대사회를 한편으로는 동경하고 흠모하면서도 다른 편으로는 자신이 아시아가 아니지만 결국에는 서양과 맞짱 뜨는 동양의 대표로 자부하려는 일본의 정신분열증적인 성향은 식민사학의 아버지 쓰다 소키치의 글에 분명하게 드러나 있

---

2 박지향, 『근대로의 길』, 세창출판사, 1917, p.207.

다.[3] 그는 일본문화는 중국의 유교사상, 불교사상, 도교사상과는 다른 신도(神道)사상이 있기 때문에 동양문화에 속하지 않고 도리어 세계문화의 수준을 높일 수 있는 독자적 문화라고 강변하였다. 이렇게 허풍을 치다가 일본 제국주의는 미국과 싸워 패망의 길을 걷게 되었던 것이다.

특히 쓰다는 한반도 평양부근에 한나라의 식민지인 한사군의 위치를 비정했으며, 단군신화는 신화에 불과하므로 고조선을 부인하였고 한반도 남부에 임나일본부가 존속했다는 주장을 펴 식민사학의 뼈대인 반도사관을 세운 식민사학자였다. 그의 작업이 그의 애제자 이병도를 거쳐 버젓이 한국의 고등학교 국사 교과서에 반영되어 있다. 그리고 일본 사학계는 임나일본부설을 여전히 은밀하게 지키고 있는 실정이다.

임나일본부설은 고대 야마토 정권이 한반도 남부에 임나일본부를 설치해 한반도 남부 가야를 지배했다는 학설인데 이는 오늘날 학계의 지지를 공식적으로 받지는 못하고 있지만 교묘하게 변형되어 유지되고 있다. 이에 반해 재야 사학계에서는 가야가 오히려 일본에 철기문화를 전수해 주었으며 일본으로 진출하여 김수로의 딸인 히미코 여왕이 야마다이국을 일본 큐슈에 세웠다고 주장한다.[4]

---

3 쓰다 소키치, 『중국사상과 일본사상』, 남기학 역, 소화, 1996를 참고하라.

4 이종기, 『가야 공주 일본에 가다』, 책장, 2006을 참고하라. "그러므로 나의 고대사 탐사의

2) 중국의 동북공정

중국의 동북공정은 일본의 식민사학처럼 우리나라의 역사를 침탈하는 사관이다. 그래서 중국의 동북공정은 한국의 역사에 대해 일본의 식민사학과 유사한 면모를 보이고 있다. 중국의 동북공정은 고조선을 역사로부터 신화의 영역으로 밀어 넣어 고조선을 부인하고 한반도 북부 평양 부근에 한사군이 설치되었다는 일본의 식민사학을 추종하고 있다. 더 나아가서 동북공정은 고구려와 발해가 중국의 지방정권에 불과하다고 봄으로써 고구려와 발해의 역사를 중국사에 편입시켰다.

19세기 전까지만 해도 중국은 아시아의 중심 국가로서 그 위세가 대단했지만 19세기와 20세기에 걸쳐 서양 제국주의의 침략을 받아 그 밥으로 전락하는 치욕을 맛보았다. 그러다가 중국은 1945년에 일본이 미국에 패망함으로써 중국 본토는 물론 만주까지 차지하게 되었다. 그리하여 모택동이 이끄는 중국 공산당은 옛 청나라의 영토보다 더 넓은 영토를 점령하게 되었다.

중국 공산당은 초기에는 공산주의 혁명을 완수하는 데에 온 힘을 쓰느라고 중국 역사에는 별로 신경을 쓰지 않았다. 그러나 중

일정은 곧 옛날 옛적 고대의 전설 속으로 모습을 감춰버린 우리 할머니를 찾는 일이었고, 또한 그들을 설화의 인물로 바꿈으로써 우리 고대사를 왜곡해 온 강단 역사에 대한 항거이기도 했다. … 따라서 그 길은 사라진 고대 한국사를 복원하는 길이자 우리 민족정신을 살리는 길이요, 나아가 아시아의 평화를 도모하는 길로 열릴 것이다." (앞의 책, p.6-7)"

국 공산당이 어느 정도 본토에서 안정된 위치를 점하자 중국 공산당은 등소평의 개혁과 개방을 통하여 경제를 빠르게 성장시켰다. 등소평의 개혁과 개방이 상당히 성공을 거두어 중국은 미국에 버금가는 경제 대국에 마침내 오르게 되었다. 이때부터 중국 공산당은 중국의 거대한 영토를 공고히 하기 위해서 신장 지역의 갈등을 평정하고 티베트의 저항을 잠재워서 중국의 영토로 완전히 편입시켰다. 그러고 나서 역사를 중국 중심화하는 작업을 개시하였다. 바로 이것이 바로 중국의 역사공정이다.

중국의 역사공정은 현재의 중국 영토 안에 있는 모든 역사는 중국의 역사로 간주하였다. 따라서 신장이나 티베트 그리고 만주의 역사도 중국의 역사에 편입되는 것이다. 이를 위해 중국 공산당은 많은 돈을 들여 21세기 초에 역사공정의 작업을 끝냈다. 역사공정은 크게 서북공정, 서남공정, 동북공정 등으로 나뉘는데 한국의 역사와 관련된 것은 동북공정이다.

중국은 현재 56개의 민족으로 구성된 다민족 국가이다. 중국 공산당은 이런 다민족 국가를 다스리기 위해서 중국 영토에 있는 모든 민족을 하나의 중화민족으로 간주한다. 이런 맥락에서 중국의 역사공정은 중국은 하나의 통일적 국가임을 역사적으로 밝혀서 중국의 분열을 막는 작업이기도 하다. 그러나 이런 작업은 소수민족의 역사를 왜곡하고 조작하지 않을 수 없는 어려운 과제였다. 동북공정에서도 사정은 마찬가지였다.

특히 중국 공산당은 시장 사회주의라는 요상한 이념을 내세워 공산당 독재 아래 경제발전과 성장을 꾀함으로써 자본주의의 길을 걷게 되었다. 시장 사회주의는 일종의 개발독재라고 할 수 있다. 한국이 20세기 후반 박정희 정권 아래에서 눈부신 경제성장과 발전을 이루었기 때문에 그것을 벤치마킹(bench-marking)한 것이 중국의 시장 사회주의다. 중국은 사회주의 국가라고 천명하기 때문에 공산당 독재가 합법화되어 있어 한국의 박정희 정권과는 달리 독재정권이라는 비판을 피해 갈 수 있었다. 그렇지만 사회주의 시장경제는 그 자체로 실패할 수밖에 없는 모순의 운명을 타고났다. 왜냐하면 시장경제는 자유와 민주주의를 요구하지만 사회주의는 공산당 독재를 요구하기 때문이다. 이 두 요구는 결코 화합할 수 없다. 시장경제의 자유와 민주주의는 사회주의의 공산당 독재와 근본적으로 모순되기 때문이다. 시장경제가 성숙하기 전까지는 시장경제와 공산당 독재는 어느 정도 동행할 수 있었을 것이다. 초기에는 공산당이 시장경제의 문제를 어느 정도 통제할 수 있었겠지만 중국에서 시장경제는 공산당의 손아귀를 이미 벗어나 버렸다.

마찬가지로, 중국 공산당은 역사공정을 통하여 중국의 분열을 어느 정도 막을 수 있겠지만 역사의 조작과 왜곡은 결코 오래갈 수 없을 것이다. 그것은 역사의 진실이 아니기 때문이다. 게다가 소수민족의 힘도 시장경제의 성숙에 따라 강해지고 있다. 그리고 중국이 내세우는 중국몽 같은 중화 민족주의 정책과 대국굴기, 일대일로와 같은 제국주의적 정책은 중국경제를 더욱 어렵게 만들어 중국 공산당의 입지를 약화시키고 있다.

그리하여 중국 공산당의 역사공정, 동북공정은 이와 같은 정책들과 더불어 일본의 식민사학처럼 세력의 팽창을 기하고 패권을 노리는 사관의 정립을 목표로 한다. 그런 점에서 티베트나 신장의 역사는 말할 것도 없고 한국의 역사를 침탈하는 셈이다. 따라서 동북공정은 일본의 식민사학과 공통점, 유사성을 가질 수밖에 없다. 중국의 동북공정에 참여한 학자의 다음과 같은 말은 이 점을 분명히 하고 있다.

> 최근에 조선과 한국의 소수 연구 기구와 학자들이 중국과 조선 관계사 '연구'에서 사실을 왜곡하고 혼란을 조장하고, 소수의 정객들은 정치적 목적에서 공개적으로 여러 잘못된 논의들을 선전하여 이미 우리에게 일종의 도전이 되고 있다. 그것은 아래의 몇 가지 측면에서 더욱 두드러진다. 첫째, 딴 마음을 품고서 고구려, 발해 등 고대 중국 동북지방의 속국 정권이 고대 조선족의 독립국가라고 '논증'하고, 오늘날 동북변강은 역사적으로 고대 조선의 영토라고 호언한다. 둘째, 역사상의 민족 분포와 천도 문제에서 사실을 왜곡하고 혼란을 조장하여 청동단검이 출토된 지역은 모두 고대 조선의 영역이라고 호언한다. 그리고 심지어 부여 등 고대 동북변강의 원주민족이 조선으로부터 갈라져 나온 侯國이고 고조선의 일부분이라고 '논증'하면서, 그것을

> 근거로 중국 동북은 고조선의 범위로 편입시키기까지 한다. 셋째, '간도문제'로 우리나라 吉林과 延邊 지역의 고대조선의 이민 문제를 '邊界問題'로 제기하고, 그것을 근거로 영토를 요구한다. 현재 조선과 한국 양국은 여전히 계속하여 상술한 중조관계사 연구의 왜곡에 대대적으로 힘을 기울이고 신판 교과서와 매스컴을 통해 각종 기이한 논의들을 선전한다.[5]

이 인용문은 중국이 아시아의 중심이며 역사를 왜곡하여 혼란을 조장한 책임을 도리어 우리에게 떠넘기고 있음을 거듭 강조하고 있다. 그리고 동북공정에서는 중국 주변의 나라들이 중국에 조공하고 중국 황제의 책봉을 받은 것을 중국 중심적으로 해석하여 이 나라들을 중국의 지방정권이나 속국으로 보아 독립 국가로 인정하지 않으려 한다. "여기에서 동북공정의 핵심이 동아시아 역사를 중국 중심으로 보는 중화 중심주의라는 걸 알 수"[6] 있다. 그렇지만 고구려가 중국에 조공을 했다는 몇몇 기록만 갖고 고구려가 중국의 지방정권이거나 속국이라고 단정하기는 어렵다. 왜냐하면 그 당시에는 "정치적 안정을 위한 외교 관계이자 물자교역을 위한 경제 활동이 조공과 책봉 관계였"[7]기 때문이다. 그리고 조공과 책봉은 그 당시에는 대국과의 전쟁을 피하기 위한 외교적 관례였고

---

5 마대정 주편, 『중국의 동북변강 연구』, 이영옥 역, 동북아 역사재단, 2007, p.18.

6 김대현, 『신흥대국 중국과 동북공정』, 김영사, 2013. p.147.

7 앞의 책, p.146.

문화적 교류이기도 했기 때문이다.

중국은 5조여 원의 돈을 들여 동북공정을 2002년부터 시작하여 2007년에 완수하였다. 그런데 중국의 동북공정은 한국사를 한반도에 가두려는 20세기 일본의 식민사학과 묘하게 일치하고 있다. 동북공정이 일본 식민사학의 성과를 대체로 받아들였기 때문이다. 게다가 중국의 동북공정은 일본의 식민사학처럼 교육적으로 이용되고 있을 뿐만 아니라 정치적이고 외교적인 지침이 되고 말았다. 그래서 결국 중국의 동북공정은 일본의 식민사학과 마찬가지로 한국의 역사를 침탈하고 있는 셈이다. 그런 맥락에서 중국의 동북공정은 일본의 식민사학과 함께 역사 제국주의라고 할 수 있을 것이다. 역사 제국주의란 총과 대포를 동원하여 남의 나라를 침략할 수 없는 상황에서 남의 나라 역사를 침탈하여 정치적 이득을 취하고 세력을 얻어서 정치적 패권을 차지하려는 이념이라고 간주할 수 있기 때문이다.

03

역사 제국주의 해체를 위하여

1) 역사 제국주의와 서양 중심주의

본인은 박사학위논문을 조금 고쳐 쓴 『헤겔의 사변과 데리다의 차이』에서 데리다의 서양 중심주의 해체를 다룬 바가 있다. 거기서 데리다는 헤겔철학을 서양 형이상학을 완성한 철학으로 간주하여 헤겔의 변증법과 역사철학이 서양 중심주의에 근거하고 있기 때문에 해체되어야 한다고 비판했다.

그럼 서양 중심주의란 무엇일까? 서양 중심주의는 계몽을 거쳐 단련된 서양문화가 보편적인 잣대(global standard)로 세계의 모든 문화의 모범이 된다는 이념이다. 그리하여 서양 중심주의란 서양이 세계의 중심이 됨으로써 미개하고 열등한 동양은 서양의 타자로 배제되고 서양의 주변으로 밀려나야 한다는 사상이다.

18 · 19세기에 서양 제국주의 국가들은 미개한 동양을 문명화해야 한다는 사명에 사로잡혀 식민지 개척에 앞다투어 나갔다. 마법적인 미신에 사로잡힌 미개한 나라와 주민을 계몽시키려는 서

양 제국주의의 열망 뒤에는 자원을 약탈하고 시장을 넓히려는 탐욕스러운 욕망이 숨어 있었다. 이들은 식민지를 원활하게 지배하기 위해 식민지의 역사와 사회를 면밀하게 조사 · 연구하였다. 이 조사 · 연구로부터 그들은 식민지 사회의 후진성, 정체성, 타율성을 끌어내었다. 그러니까 식민지 지배를 위하여 식민지의 역사를 침탈하는 과업, 즉 역사 제국주의를 통하여 식민지 지배와 침략을 정당화하려고 하였다.

요컨대, 서양 중심주의는 단순한 편견이 아니라 제국주의의 밑바탕에 깔려 있는 철학이었다. 그리고 서양은 계몽된 세계로, 서양 문화는 모든 문화의 모범으로, 미개한 동양이 따라야 할 보편적인 문화로 간주된다. 그리하여 여기서 미개하고 열등한 동양은 계몽된 우월한 서양의 지배를 받아야 한다는 서양 제국주의의 논리가 나올 수 있다. 이러한 논리는 중국의 동북공정과 일본의 식민사학에도 마찬가지로 작동하고 있다. 서양의 자리에 중국과 일본을 놓으면 서양 제국주의 논리와 대체로 들어맞기 때문이다.

중국의 동북공정에서는 고대부터 중국이 세계의 중심으로 주변 나라들의 조공을 받아 왔다고 인식했다. 그리하여 그것에 따르면 한국은 고대부터 중국의 식민지이거나 속국이었고 게다가 한국문화는 우월한 중국문화를 베끼는 수준에 머물렀다고 간주되었다. 그러므로 한국문화의 독자성은 인정될 수 없었다. 성리학뿐만 아니라 심지어는 금속활자, 김치, 온돌, 한복 등도 중국이 한국에

전수해 준 것이라고 동북공정은 주장하였다.

실제로 조선시대 때에는 조선의 유학자들은 조선을 소중화로 여겨 중국을 섬기는 중화 사대주의가 확고하게 자리 잡았던 것이다. 조선의 선비들 중에 성리학의 바깥에 있던 선비들은 중화 사대주의에 저항했지만 극소수에 불과했고 대다수의 유학자들은 성리학을 바탕으로 삼아 중화 사대주의에 사로잡혀 있었다. 그들은 중국의 황제를 섬기고 중국문화를 흠모했으며 당파를 만들어 양명학조차도 이단으로 내치기까지 하였다. 조선의 실학자들 가운데에서도 고조선을 부인하고 북한의 평양을 고구려의 수도라고 오인한 사람들도 있었다.

일본의 식민사학자들은 조선의 실학자들이 비정한 고려와 조선의 경계를 얼씨구나 하며 받아들였다. 이로써 한국의 역사는 두만강과 압록강을 경계로 하는 한반도를 벗어날 수 없었다. 그리하여 일제의 조선총독부는 마침내 반도사관의 굴레를 한국사에 씌웠다.

이 점에 관해서는 중국의 동북공정과 일본의 식민사학은 이해관계가 맞아떨어졌다. 이리하여 한국사는 만주와 요서 지방에 이르는 지역에 있었던 역사 영토를 잃어버렸다.

중국의 동북공정에서 만리장성이 한반도에까지 구축된 지도를 내놓았지만 강단 역사학자들은 아무런 이의도 제기하지 않았다. 고구려의 수도 평양은 북한의 평양이 아니라 만주의 요양 지역에 위치했으며 한사군의 위치도 중국 북경의 서북쪽 요서 지방에 있었다는 학설을 재야 사학계가 내놓았지만 강단 사학계는 아예 묵살하고 말았다.

중국은 다민족국가의 분리나 영토분쟁을 미연에 방지하려고 동북공정을 통하여 고구려의 수도는 현재의 북한 평양이며 한사군의 위치도 북한 평양과 대동강 부근이라고 밀어붙이고 있다. 그러나 이에 반해 한국의 재야 사학자들은 사료적 근거에 의존해 한사군과 고구려의 수도 평양은 만주에 있었다고 주장하였다.

이에 관해서는 충분한 논의가 더 있어야 하겠지만, 우리가 반도사관에 설 때만 중국의 동북공정이나 일본의 식민사학의 주장이 정당화될 수 있을 것이다. 그렇기 때문에 만일 반도사관이 한국사를 침탈하는 역사 제국주의의 일환이라면 동북공정이나 식민사학은 학문적으로 설 자리를 잃어버리게 될 것이다.

그리고 일본의 식민사학은 일본이 조선을 식민지로 합병하려고 했을 때 처음부터 정교하게 만들어진 것은 아니었다. 일본은 조선을 합병하고 만주를 침략함으로써 어느 정도 자신감이 생기고 난 뒤에, 조선을 영구히 식민지로 삼기 위해서 고대에 한반도 북쪽은 중국의 식민지였고 한반도의 남쪽은 일본의 야마토 정권의 식민지 임나일본부였다는 학설을 정교하게 만들어 내기 시작했다. 이런 식으로 한민족은 식민지의 백성이라는 숙명의 굴레를 벗어날 수 없게 되었다. 그런데 일본 제국주의가 패망한 뒤에도 이러한 학설은 일본에서 사라지지 않았고 심지어는 한국의 강단 사학계에서도 교묘하게 위장된 채로 유지되고 있다. 우리 스스로가 일본의 식민사학을 극복하지 못함으로써 중국과 일본의 역사 제국주의를 용납하는 어리석음을 되풀이하고 있는 셈이다.

임나일본부는 일제의 식민사학자들이 『일본서기』에 근거하여 날조한 것에 불과하다. 임나일본부설은 고대 일본의 야마토 정권이 한반도 남부에 임나일본부를 설치하여 그 지역을 식민지로 삼아 지배했다는 학설이다. 그러나 임나일본부라는 명칭은 『일본서기』에만 있을 뿐 우리의 『삼국사기』에는 전혀 찾아볼 수 없다. 그래서 『삼국사기』 초기 기록 불신론을 식민사학자들이 제기하였던 듯하다. 그러나 『일본서기』는 연대도 맞지 않고 역사서로 국제적으로 인정받지 못하여 허구에 가까운 것으로 간주된다.

왜가 가야를 지배한 게 아니라 도리어 가야의 묘견 공주가 일본에 정착하는 과정에서 일본에 철기 문명을 전해주었다는 학설이 제기되었는데 이것은 파형동기 같은 유물 등을 통해서 어느 정도 신빙성 있는 학설로 증명되기도 했다.

그럼에도 불구하고 일본의 식민사학자와 한국의 강단 사학에서는 임나는 가야라는 학설을 은밀하게 지지하고 있다. 일본의 식민사학이야 왜의 가야 지배라는 역사 제국주의를 고수하고 싶겠지만 한국의 강단 사학에서조차 식민사학의 역사 제국주의에 호응하여 임나는 가야라는 학설을 받드는 건 정말 이상한 일이 아닐 수 없을 것이다. 그리하여 한국의 강단 사학은 과연 일제의 역사 침탈, 즉 역사 제국주의를 기꺼이 받아들이는지 우려스럽다.

중국의 동북공정과 일본의 식민사학을 역사 제국주의로 하나로 묶어서 사유하는 게 적절할 것 같다. 왜냐하면 동북공정과 식민사학은 다 같이 한국의 역사를 침탈하고 그 침탈하는 방식이 유사하기 때문이다. 그리하여 동북공정과 식민사학은 한국의 역사를 침탈함으로써 동아시아의 패권을 쥐려는 속셈일 것이다. 그러나 그것들은 동아시아의 평화는 물론 더 나아가 세계평화를 해칠 수 있기 때문에 바람직하지 않을 것이다. 따라서 그것들을 해체하는 것이 동아시아의 미래를 위해 바람직한 일이기도 하다.

2) 역사 제국주의의 해체를 위하여

우선 동북공정과 식민사학이 역사 제국주의임을 분명히 인식하여야 한다. 그러고 나서 역사 해석을 강단 사학계에만 맡길 게 아니라 역사의 진실을 찾기 위한 대중적 운동을 개시하여야 할 것이다.

강단 사학계는 스승과 제자의 끈끈한 도제관계로 엮여 있기 때문에 제자는 스승의 학설을 비판하기 어렵고 학계의 진출을 위해서도 제자는 스승의 학설을 이어갈 수밖에 없다. 이런 상황에서는 일단 스승의 학설이 그릇된 학설이라고 해도 제자가 스승의 그릇된 학설을 뒤엎기 어렵다. 특히 유교적 문화가 강한 한국의 강단 사학계에서는 제자가 스승의 학설을 뒤엎는다는 것은 스승의 은혜를 저버리는 막돼먹은 짓으로 간주되기 때문에 제자는 감히 스승의 그릇된 학설이라도 거스를 수 없을 것이다. 그렇다 보니 제자는 스승의 그릇된 학설을 변호하기 위해 온갖 교묘한 변명을 늘어놓고 있는 실정이다. 예컨대, 총론에서는 식민사학을 극복했다고 하면서도 각론에서는 식민사학의 주장을 그대로 따르는 강단 사학자들의 작업은 이를 잘 보여주고 있다.

더군다나 역사해석의 문제는 돈과 밥그릇의 문제가 걸려 있기 때문에 강단 사학자들은 악착같이 식민사학을 변호하려고 한다. 학자들에게는 자기 학설의 정당성을 잃어버리면 학자로서의 자리를 잃어버릴 것이기 때문이다.

동북공정과 식민사학을 해체하기 위해서는 역사 제국주의라는 보다 넓은 시야에서 그것들을 보는 것이 긴요할 것이다. 물론 그것들이 동아시아라는 특수한 상황에서 나온 것이긴 하지만 세계사의 보편적 여정과 보조를 같이 하는 것이기 때문이다.

말할 필요도 없이 그것들과 직접 관련되는 학문은 역사학이다. 그러므로 강단 역사학자들이 전향적으로 한국사를 보고 역사의 진실을 찾아 한국사의 올바른 정립을 위하여 힘써 주기를 바랄 뿐이다.

• 나가는 말 •

본인은 역사학자가 아니기 때문에 일일이 사료를 찾거나 유물이나 유적을 찾아 식민사학이나 동북공정을 비판할 능력은 없다. 또 그렇게 하고 싶은 생각도 없다. 본인의 한국사에 대한 관심은 재야 사학자들로부터 자극을 많이 받았을 뿐이지 본인은 그들의 주장을 곧이곧대로 받아들이는 건 아니다.

그런데 역사학에서는 사료도 중요하고 유물이나 유적도 중요하다. 하지만 무엇보다도 역사를 보는 관점, 즉 사관이 더 중요하다고 생각한다. 서양의 철학자들 중에 특히 헤겔과 마르크스는 역사학자는 아니지만 철학을 통해서 역사를 보는 눈을 전혀 새롭게 하였다. 역사를 어떻게 보느냐에 따라 사료의 해석이나 유물, 유적의 조사와 발굴은 전혀 달라질 수 있다. 헤겔은 주관적 자유의 원리에 입각해서 세계사를 해석하였고 마르크스는 경제적 사회구성체의 발전에 의거해서 세계사를 보았다. 그래서 우리도 과연 역사를 어떻게 보아야 하는지 우선 진지하게 성찰해 보아야 할 것이다. 그럼에도 불구하고 우리는 그런 작업을 등한시해 왔다.

본인은, 물론 암시하긴 하겠지만, 앞의 물음에 답을 제시하고 싶지는 않다. 왜냐하면 본인은 역사학자가 아니기 때문이다. 그것은 역사학자들의 몫이다. 다만 동북공정과 식민사학이 역사 제국주의로서 그릇된 역사적 작업이라는 것만은 지적하고 싶을 따름이다.

식민사학이나 동북공정에 반발하는 재야 역사학자들 중에는 한민족을 역사의 중심에 놓고 한국사를 해석하려는 사람들이 있다. 그들은 한국사를 과도하게 한민족의 중흥과 번영에 기대어 해석하려고 한다. 그리하여 그들은 고조선을 중심에 놓고 고조선이 마치 대제국을 형성한 것처럼 한국사를 해석한다. 이것은 자민족 중심주의(Ethnocentrism)라고 부를 수 있다. 그런 맥락에서 재야 사학자들의 작업은 식민사학이나 동북공정과 마찬가지로 자민족 중심주의라는 혐의를 벗어날 수 없다. 우리가 자민족 중심주의나 문화적 상대주의에 빠지지 않으면서도 동시에 식민사학이나 동북공정을 극복하려면 어떻게 해야 할까? 멜로띠의 다음과 같은 견해는 우리가 그런 길을 찾는 데에 도움을 줄 것이다.

> 자민족 중심주의와 문화적 상대주의는 동일한 가짜 동전의 양면이다. 자민족 중심주의의 유럽문화적인 낡은 죄를 곰곰이 생각할 필요는 없다. '문명'과 '진정한 종교'를 필경 수출하고 있었던 식민지 정복자들의 이데올로기로서 그것의 역할은 잘 알려져 있다. 그렇다고 문화적 상대주의가 답은 아니다. 답들을 찾으

려는 시도를 포기하는 것은 자민족 중심주의보다 더 위험하다. … 게다가 문화적 상대주의는 그 자신의 전제 위에서 스스로 모순된다. 그것은 어떤 사람이라도 그 자신의 문화 환경에 갇혀서 일종의 다중심적 자민족 중심주의(polycentric Ethnocentrism)에 머문다고 선고한다. 그런 태도는 다른 문화의 무비판적 수용으로 너무 쉽게 인도될 수 있을 뿐만 아니라 그것들의 기존하는 사회적이고 정치적인 제도와 정책 … 의 무비판적 수용으로도 너무 쉽게 인도될 수 있다. 그러므로 문화적 상대주의가 그런 관행들의 버팀목을 자주 필요로 하는 제국주의의 새로운 이데올로기가 될 수밖에 없었던 것은 이해할 만하다.[1]

『환단고기』 등의 사료를 내세우며 한민족의 웅대한 역사를 구상하는 환빠 재야 사학자들도 역시 자민족 중심주의에 빠져 있지 않나 생각된다. 본인은 그들의 식민사학이나 동북공정 비판에는 공감하고 그런 비판이 한국사의 올바른 정립을 위해서 필요하다고 여긴다. 그러나 이들은 그런 작업을 통해서 자민족 중심주의에 빠져들고 말았다. 그럴 경우에 그들은 곧장 식민사학이나 동북공정의 자민족 중심주의를 비판할 논거를 잃게 될 것이다.

『환단고기』가 과연 사료로서 얼마나 가치가 있는지 재야 사학자들은 민족 감정에 호소할 게 아니라 이성적으로 깊이 성찰해야

1 U. Meloti, *Marx and the third world*, trans. P. Ransford, Macmillan Press, 1977, note 1. p.208-209.

할 것이다. 그리고 『환단고기』가 사료로서 인정되어야 한다면 재야 사학자들이 비판하는 『일본서기』도 사료로 인정되어야 할 것이다. 이런 점을 고려할 때 재야 사학자들은 물론 강단 사학자들도 역사를 어떻게 보아야 하는지 좀 더 깊이 있고 폭넓게 성찰하여야 할 것이다. 이런 작업이 우리에게 많이 부족했다고 생각되기 때문이다.

우리가 식민사학이나 동북공정을 비판하는 이유는 그것들이 역사를 왜곡하고 날조하기 때문이다. 단순한 관점 차이가 문제가 아니다. 그런데 재야 사학자들이 도리어 사료로 인정하기 어려운 『환단고기』에 근거해 한국사를 정립하려고 한다면 자가당착에 빠지는 꼴이 될 것이다.

그리고 한국의 사학계가 동북공정이나 식민사학과 같은 역사 제국주의에 대해 철학적으로 사유하는 계기가 필요하지 않을까 생각된다. 중심과 주변의 위계질서는 들뢰즈와 데리다 같은 20세기의 철학자들이 이미 철학적으로 해체하였다. 중심이 설정되지 않으면 주변이 있을 수 없다. 더 나아가 중심과 주변의 위계질서도 성립할 수 없을 것이다. 데리다의 Différance, 들뢰즈의 리좀(Rhizome)은 이러한 위계질서를 해체하는 탈중심적인 개념이다. 들뢰즈는 리좀이라는 개념을 통해서 서양철학의 수목형적인 뿌리 중심주의를 비판했다. 수목형에서는 뿌리-줄기-가지로 이어지므로 뿌리라는 중심에서 줄기와 가지라는 주변으로 퍼져나가는 구조를 띤다. 그러나 리좀에서는 뿌리가 없이 줄기로 퍼져 나가므로 중심이 설정될 수 없고 따라서 중심과 주변의 위계질서가 해체된다. 데리다의 différance는 로고스나 서양과 같은 중심을 해체하기 위해 제시된 개념 아닌 개념이다. 그래서 différance를 통하여 헤겔철학에 나오는 동일성/차이, 서양/동양, 중심/주변의 위계질서를 그는 해체하려고 하였다.[2] 또한 그는 지양을 매개로 모든 것을 먹어치우는 헤겔철학의 변증법적 운동을 변증법의 제국주의라고 불렀다. 따라서 différance나 리좀 같은 탈중심적 개념들은 역사 제국주의에 근거하는 중국의 동북공정과 일본의 식민사학을 해체하기 위한 좋은 발판이 될 수 있을 것이다.

끝으로 여담 하나만 소개하기로 하자. 본인은 2018년에 중국 북경에 가서 「신과학 기술혁명과 동서사상의 만남」이라는 제목으로 중국사회과학원에서 논문을 발표한 적이 있다. 제4회 한중인문학 포럼에 발표자로 선정되어 발표한 것이었다. 발표 도중에 서양 중심주의를 강하게 비판하였는데 의외로 중국학자들이 갑자기 술렁거리기 시작하였다. 아마도 19세기에 서양 제국주의에게 중국이 당한 치욕의 기억 때문이었지 않나 생각되었다. 그러자 동북공정이 퍼뜩 머리에 떠올랐고 동시에 나도 모르게 동양 중심주의

---

2 들뢰즈와 데리다는 헤겔철학을 서로 다르게 보고 있다, 그러나 "그들은 서양의 전통적 형이상학이 품고 있는 로고스 중심주의와 서양 중심주의 그리고 중심과 주변, 본질과 현상이라는 이항대립의 위계질서에 저항하고 그것들을 뒤흔든다는 점에서 아주 유사하다."(조홍길, 『동서사상의 만남』, 한국학술정보, 2022, p.79)

도 바람직하지 않다고 외쳤다. 그렇다. 그것은 정확히 말해서 중화 중심주의라는 말이었다. 그때 순간적으로 본인은 중국 공산당의 야심 찬 중화 중심주의를 느끼고 등골이 오싹했다. 본인의 예감은 적중하였다. 그 후 중국의 동북공정은 계속되었고 세계 패권을 차지하기 위해 일대일로와 같은 제국주의 정책을 강행하여 국제정세를 불안정하게 만들었다.

• 참고문헌 •

김대현, 『신흥대국 중국과 동북공정』, 김영사, 2013.

마대정 주편, 『중국의 동북변강 연구』, 이영옥 역, 동북아역사재단, 2007.

마르크스, 『정치경제학 비판을 위하여』, 김호균 역, 중원문화, 1987.

박지향, 『근대로의 길』, 세창출판사, 2017.

박지향, 『제국주의』, 서울대학교출판부, 2003.

복기대, 『우리는 고조선을 어떻게 이어왔는가』, 덕주, 2023.

신용하 편, 『아시아적 생산양식론』, 까치, 1986.

쓰다 소키치, 『중국사상과 일본사상』, 남기학 옮김, 소화, 1996.

아도르노 & 호르크하이머, 『계몽의 변증법』, 김유동 옮김, 문학과 지성사, 2001.

이덕일, 『우리 안의 식민사관』, 만권당, 2018.

임승국 역, 『한단고기』, 정신세계사, 1986.

조홍길, 『헤겔의 사변과 데리다의 차이』, 한국학술정보, 2015.

조홍길, 『동서 사상의 만남』, 한국학술정보, 2022.

최박광 옮김, 『일본서기/고사기』, 동서문화사, 2021.

헤겔, 『법철학』, 임석진 역, 지식산업사, 1990.

헤겔, 『역사 속의 이성』, 임석진 역, 지식산업사, 1992.

Hegel, *Rechtsphilosophie*, Suhrkamp, 1970.

Henrich, D., *Hegel im Kontext*, Suhrkmp, 1981.

Melotti, U., *Marx and the third world*, Trans. P. Ransford, Macmillan Press, 1977.

Tucker, R. C.(ed.), *Marx-Engels Reader*, Norton & Company, 1978,

역사 제국주의 해체를 위하여

초판인쇄 2024년 04월 30일
초판발행 2024년 04월 30일

지은이 조홍길
펴낸이 채종준
펴낸곳 한국학술정보(주)
주 소 경기도 파주시 회동길 230(문발동)
전 화 031-908-3181(대표)
팩 스 031-908-3189
홈페이지 http://ebook.kstudy.com
E-mail 출판사업부 publish@kstudy.com
등 록 제일산-115호(2000. 6. 19)

ISBN 979-11-7217-296-1 93100

책에 대한 더 나은 생각, 끊임없는 고민, 독자를 생각하는 마음으로 보다 좋은 책을 만들어갑니다.